70

LE SOMMET

DU

MONT-LOZÈRE

OU

Le Presbytère des Laubies,

PAR

L'ABBÉ CAUPERT, DE MENDE,

Prêtre des SS. Cœurs.

PRIX : 15 CENTIMES

AU PROFIT DE L'ÉGLISE DES LAUBIES.

1854.

LE SOMMET

DU MONT-LOZÈRE

OU LE

PRESBYTÈRE DES LAUBIES.

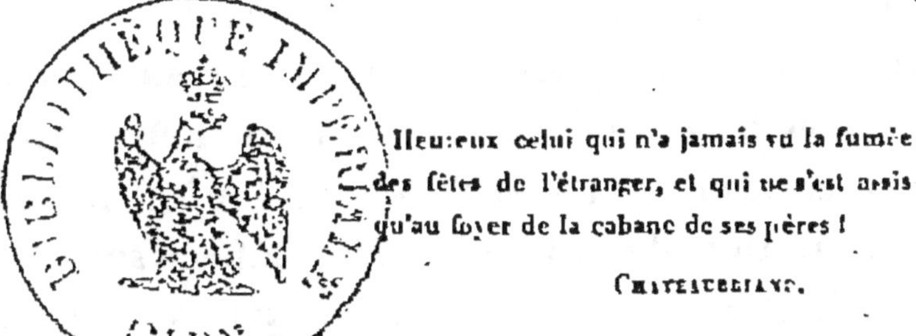

Heureux celui qui n'a jamais vu la fumée
des fêtes de l'étranger, et qui ne s'est assis
qu'au foyer de la cabane de ses pères !

CHATEAUBRIAND.

Dans la partie la plus élevée des Cévennes, sur le sommet du Mont-Lozère, se trouve, situé vers le midi, le modeste hameau des Laubies. La nature s'y montre sous les formes les plus variées et les plus hardies : ce sont d'un côté d'immenses pâturages où viennent paître les nombreux troupeaux du Bas-Languedoc; et de l'autre ce sont des cascades, des châtaigniers, des sapins, quelques chalets, d'affreux abîmes ou des rochers dont les cimes se perdent dans les nues. Le Lot et le Tarn, comme deux artères fécondes, se détachent des deux flancs opposés du Mont-Lozère, et après un parcours d'environ quarante lieues vont affluer dans la Garonne, au-dessous de Moissac. C'est sur ce pic, le géant des Cévennes, à 3,000 mètres au-dessus du niveau de l'Océan, que se rendent chaque année, aux beaux jours du printemps, un grand-nombre de curieux et de voyageurs, avides d'y contempler le double et ravissant spectacle d'un horizon sans bornes et de la joliette église des Laubies.

Du *Truck de la Réglisse*, le point le plus culminant de toutes les Cévennes, le regard, en effet, se promène et se perd dans une étendue équivalente au moins au tiers de la France. D'un côté ce sont les Pyrénées, de l'autre les Alpes où vous remarquez les sommets du Mont-Blanc et du Saint-Bernard ; au nord les sombres montagnes du Cantal que l'œil suit jusqu'au Bourbonnais, tandis que le midi s'entr'ouvrant entre deux péristyles de monts et de rochers vous laisse apercevoir les plaines de Montpellier derrière lesquelles la vue distingue encore la luisante et tranquille Méditerranée.

Si vous ramenez ensuite vos pensées et vos regards autour de vous, vous remarquez à vos pieds, sur le versant méridional, Florac la protestante, et ses vignobles et ses châtaigniers ; sur le versant septentrional, c'est Bagnols, si connu par ses bains, et la patrie du satirique et spirituel Rivarol; plus bas c'est le modeste hameau de Nojaret, devenu depuis si célèbre par la naissance du savant chimiste Chaptal, ministre de l'intérieur sous l'Empire; et puis sous vos yeux, à vos côtés, et tout autour de vous, chaque crête de rocher, la grotte de la montagne et la fondrière de la vallée présentent à votre curiosité, tantôt le chamois agile, tantôt l'aigle aux plumes grisâtres et tantôt la cascade impétueuse; il n'est rien, en un mot, dans tout ce pays si sauvagement pittoresque des Cévennes, qui ne vous intéresse en quelque manière et ne vous parle poésie, histoire ou religieux souvenirs.

Cependant, les scènes grandioses de la nature élèvent doucement l'âme vers leur auteur. Après avoir admiré de si haut et si loin les magnificences qui se déroulaient devant nous, nos regards se portèrent plus haut, et aussitôt de douces et de consolantes pensées remplirent notre esprit. Les pays montagneux d'alentour n'étaient plus que des vallons par rapport à nous, nous touchions en quelque sorte, de nos têtes, les voûtes éternelles et ces sommets si rapprochés du ciel nous parurent autant d'autels mystérieux élevés au roi de l'Univers. Soudain, mon confrère et moi tombâmes à genoux, et, Prêtres du Seigneur, nos mains et nos prières imploraient le Dieu saint et puissant, jadis mort pour le monde.

Mais ce qui n'excite pas moins la curiosité et l'étonnement du voyageur, c'est de rencontrer, au milieu de cette nature agreste et isolée, la charmante église des Laubies. Svelte et solide, gracieux et bien proportionné, ce monument religieux vient d'y être tout récemment élevé par les soins et les généreux sacrifices d'un prêtre selon le cœur de Dieu (1). Ce gracieux bâtiment occupe un espace de 120 pieds de long sur 35 de large : son maître-autel, tout brillant d'or et sculpté en ogive, produit un merveilleux effet ; la chaire, le baptistaire, le banc-d'œuvre, la table sainte, l'ouvrage entier du charpentier, est fait d'un bois dur, travaillé au tour et peint dans le meilleur goût ; les ornements sacerdotaux et vases sacrés répondent à la décence du culte ; en un mot, la propreté, l'intelligente disposition des détails et le parfait accord de l'ensemble, font de ce nouveau sanctuaire un charmant petit bijou, bien propre à rappeler la grandeur de celui qui l'habite et à frapper l'esprit et les sens

(1) M. l'abbé Crespin, chanoine honoraire de Mende et vicaire de la paroisse Saint-Merry, à Paris.

d'une population naturellement portée vers les idées religieuses. Un élégant clocher domine l'édifice et le toit des chaumières environnantes, et dit à tous les regards que les intérêts du ciel doivent s'élever bien au-dessus de tous ceux de la terre.

Désormais, ces populations laborieuses et remplies d'une foi native ne seront plus dépourvues de pasteurs, d'église et de tout secours religieux. Malgré les horreurs de ce site, presque toujours couvert de neige, enveloppé de brouillards et de givres, ou battu des ouragans d'hiver, ces bonnes gens pourront, à l'avenir, sans déplacement, sans dangers, sans longs voyages, jouir des bienfaits si consolants de la religion et entendre, non loin de leurs demeures rustiques, les saints cantiques d'allégresse, en l'honneur du *Dieu des vertus.*

Mais la bonté du Dieu des pauvres n'a pas borné là ses bienfaits : une population d'agriculteurs si honnêtes méritait un pasteur digne d'elle et béni du ciel : la Providence y a pourvu en leur envoyant un ministre de l'Evangile qui est autant le père que le guide de tous ses paroissiens (1). Né lui-même au sein des montagnes, il ne trouve pas pour lui de chaumière trop petite, ni d'hommes trop

____

(1) M. l'abbé Rauchet, curé actuel des Laubies.

pauvres, ni de de distance trop éloignée dès qu'il peut être utile ou consoler. Bien des fois on l'a vu se prodiguer lui-même et courir les plus grands dangers, pour porter les secours de son saint ministère au fidèle troupeau confié à ses soins.

Un jour, c'était vers la fin de novembre, ce digne pasteur avait été dans un hameau éloigné pour y remplir ainsi les devoirs de sa sublime mission : jamais peut-être le froid n'avait été plus rigoureux. A son retour le brouillard s'amoncelle, la neige tombe à gros flocons, la nuit s'abat subite et sombre, et dérobe aux yeux du messager céleste les sentiers de la montagne. Cependant la nature était plongée dans un effrayant silence, et la chouette seule poussait son cri alarmant. Le pasteur met pied à terre, et tenant son cheval par la bride, avance, retourne, erre longtemps à travers les précipices et dans la neige : mais vains efforts! il ne peut retrouver le chemin du presbytère. Et c'est ainsi que s'écoula, dans une cruelle agonie de l'esprit et du corps, l'une des plus longues et des plus froides nuits d'hiver. Faut-il s'étonner que ce zélé ministre, jeune encore et doué d'ailleurs d'une constitution robuste, commence à ressentir des douleurs prématurées.

Oh! qu'elle est belle la Religion et les sacrifices

qu'elle inspire pour toutes les classes de la société ! mais qu'elle est belle surtout quand il s'agit de procurer le bonheur ou d'adoucir le sort des classes humbles, délaissées, souffrantes !

Ici, perdues dans ces affreuses montagnes, vivaient ignorées du reste du monde et à peine connues de la Lozère, quelques familles d'agriculteurs, accoutumés à une vie dure, étrangers aux folles joies du monde, et voilà que la Religion vient embellir leur existence et la remplir de jours heureux. J'ai visité leur cabane, je me suis assis à leur foyer rustique, j'ai pris part à leur table frugale, à côté du pâtre et du laboureur, et je me suis dit : Qu'ils sont heureux (1) !

Ailleurs, me dis-je, la plupart des hommes sont affamés de science, d'or ou de plaisirs ; ici l'on cherche Dieu, et l'on jouit de biens plus solides, avec la santé du corps, au milieu des douceurs d'une inaltérable paix.

De ces lieux sont bannis le luxe des ameublements, le goût des salons et le culte des arts ; mais

(1) Cette excursion aventureuse à travers les montagnes des Cévennes, je la fis en compagnie de M. l'abbé Chapelle, chanoine titulaire et secrétaire général de l'évêché, si avantageusement connu par l'amabilité de ses manières, son profond esprit de foi et la parfaite connaissance qu'il a de ces lieux.

on y trouve en échange une piété aimable, une honnête aisance, des mœurs hospitalières, les veillées de famille, une véritable amitié.

Ici point de ces atours de soie, de gaze ou d'or dont se pare la fille de nos cités ; mais la jeune paysanne se revêt d'une mise décente, simple comme la fleur de ses montagnes, et se montre parée d'un front vierge, embelli de toutes les grâces d'une sainte pudeur.

Les filles du siècle, sous des lambris dorés, au son des instruments et à la clarté des flambeaux, savourent à longs traits les prestiges du monde et ses enchantements trompeurs ; ici, la vierge des champs, assise au pied d'un grand chêne, non loin de ses moutons, réjouit le vallon de ses saints cantiques et contemple les merveilles de la puissance divine dans le spectacle ravissant de la terre et des cieux.

Cependant le soleil venait de se coucher, l'horizon était encore en feu, l'heure du soir et le silence de la vallée portaient au recueillement : j'entrai dans le temple nouvellement élevé au Seigneur. Quelques pieux habitants, déjà revenus des champs, y sont en prières : l'humble laboureur offrait à Dieu ses travaux du jour, la veuve s'y est arrêtée, le berger s'y incline et de la poitrine de tous, il me semblait voir s'échapper une prière ardente, pleine d'amour et d'espérance; et comparant la douce paix de ces braves gens aux remords du coupable, le calme de ces lieux avec le bruyant mouvement de nos villes, je répétai : Qu'ils sont heureux !

Heureux, mille fois heureux celui que le ciel fait naître dans le calme des champs, auprès de l'héritage de ses pères, à l'abri des orages du monde, loin des cités où se corromprait sa jeunesse ! Il voit couler ses jours sans inquiétude, sans bruit, étranger aux folles joies du monde, mais ignorant aussi les pleurs amers qu'il fait couler.

L'étranger qui ne voit qu'en passant l'humble habitant de ces lieux sent parfois son cœur s'émouvoir de compassion; il se surprend même à murmurer contre la Providence, à la vue de celui qu'il regarde comme l'enfant deshérité de la nature et relégué dans un désert. Mais son esprit égaré le trompe, le malheur n'est point où il le voit. Non, ce n'est point hors de nous que le bonheur réside; seul l'homme en est l'artisan. D'ailleurs, à des cœurs simples peu suffit, et la plupart de nos besoins ne sont que le fruit de nos passions. Ici, l'homme des champs possède tout ce qu'il désire, il n'ignore que ce qui pourrait corrompre son cœur. L'ambition chagrine jamais ne l'inquiète : aussi le voit-on rarement quitter ses montagnes, encore est-ce pour y rentrer bientôt, mais toujours pour y mourir. A ses yeux, rien ne saurait remplacer sa chaumière, son simple habit de bure, les joies du foyer domestique et les doux chants du pays. O souvenirs premiers de la jeunesse, que vous avez de charmes! Puissance de la langue maternelle, que touchants sont vos accens! Combien de fois n'ai-je pas versé de douces larmes quand un air natal est venu, réjouissant mon oreille, me rappeler les mœurs et l'idiome de mon pays!

Il m'en souvient de ce jour où je me promenais bercé par une douce rêverie, dans le verger contigu au presbytère. C'était sur le soir, à la suite d'une forte chaleur d'été. Une douce brise commençait à rafraîchir l'atmosphère, le calme régnait dans les champs. Seule, une voix jeune, éclatante, pure, remplissait la vallée : c'était la voix d'une bergère ; assise entre une meule de foin et un grand arbre, elle charmait son ennui en gardant ses génisses roux-blanches. Je m'assis moi-même pour jouir en silence de ces accents lointains qui parvenaient à peine jusqu'à moi. Je ne me trompais pas, c'était bien la langue poétique de nos montagnes, cette langue *romane*, si harmonieuse et si chevaleresque, qui jadis, sous la plume ou dans la bouche des *Troubadours,* savait si bien inspirer les sentiments tendres et chanter les combats ; et les échos d'alentour répétaient après la jeune fille cette chanson indigène que l'air joyeux embellirait encore :

La cambrieyro d'un aboucat
N'aymabo pas lou pan trempat ;
N'anabo pas à l'espargné
D'el buré dé la sa,
Trempab) sa soupo d'el bouon bi del baraou (1).

Con la cambrieyro ny fouguet à l'housta
Diguet, Madamo, souy bien malaouto :
Yeou ny boou dins moun liech ;
Souy bien malaouto, ny durmiray pas la nuech.

La damo pleno dé bountat
N'embouyet quèré lou Curat :
Bouon giour, Madamo bous moudo
Qué béniet à l'housta,
Nostro cambrieyro s'estroubado bien ma.

(1) *Baraou* signifie en patois petit tonneau.

Con lou Curat ny fouguet a l'housta
Ny troubet lou coulsi mouillat;
Diguet, bostro cambrieyro n'o pas la countricyou
Bostro cambrieyro no fach restitucyou.
Bostros prieros d'el bespre e d'el mati
Saroou la caouso que ni mettro d'aigo al bi.

La cambrieyro no respoundut :
Layssat lou bi tel qu'es nascut,
Gn'o rien qu'é l'aygo per gasta la liqou
Lou bi sons aygo, yeou lou trobe millou.

Ce langage naïf de la patrie, joint aux scènes
touchantes qui de toutes parts frappaient mes regards, me plongèrent dans une indicible tristesse :
bientôt les souvenirs de mon enfance et l'inno-
cence qui l'accompagnait, se retracèrent vivement
à mon esprit, mes yeux se remplirent de larmes,
et m'étant recueilli quelques instants, je confiai de
cette sorte au papier les souvenirs de mon pays :

Tu n'es plus à mes yeux qu'une immense prison,
Paris, ville de *boue* (1) de ton luxe si fière ;
Ton souvenir s'efface auprès de ma bruyère,
Mon clocher, un ciel pur, un superbe horizon.

(1) L'ancien nom de Paris est Lutèce, qui veut dire boue.

Salut à toi, pays harmonieux,
Salut à tes rochers, à tes forêts sauvages,
A tes bruyants torrents, à tes riants bocages,
A tes pics foudroyés qui menacent les cieux !

Ici je puis jouir du parfum des campagnes
Et des brises du soir et des splendeurs du jour,
Je puis encore errer sur ces hautes montagnes
Où, quand j'étais enfant, je fixais mon séjour.

Là, rêveur, j'écoutais la harpe éolienne,
Que les vents agitaient sous le dôme des bois ,
Là, des pins balancés la plainte aérienne,
Bergère du vallon, accompagnait ta voix.

Encor, semblable au daim, des monts j'atteins la cime,
Et des rameaux touffus du sapin élancé,
Comme l'oiseau du ciel mollement balancé,
Je vois briller l'éclair et tournoyer l'abîme.

Ma mère, que crains-tu ? Sur la roche glissante
Je ne poserai pas un pied mal affermi ;
Je franchis sans effroi la cascade bruyante
Et je vais frapper l'aigle, en son aire endormi.

Mais il faut vous quitter, ô ma belle Lozère,
Grands bois, vallons aimés, toit fumeux du hameau,
Et vous, seuil bien connu, où tant de fois, ma Mère
Au son d'un chant d'amour balança mon berceau.

Tels sont les biens si doux que j'aurais pu goûter :
Et je les ai quittés ! Et pourquoi ? Pour un rêve,
Pour l'écho d'un vain nom que le siècle soulève
Et que son cours changeant va bientôt oublier.

IMPRIMERIE DE W. REMQUET ET Cie,
rue Garancière, n. 6, à Paris.